Geld verdienen mit

Dropshipping:

Finanzielle Freiheit durch Heimarbeit

Benedikt Koch

Disclaimer

Alle Rechte vorbehalten

Dieses Werk ist urheberrechtlich geschützt. Die Übersetzung und Vervielfältigung dieses Werkes oder Teile des Werkes sind ohne die ausdrückliche Zustimmung des Autors untersagt. Alle Quellen und Studien, die zur Erstellung dieses Buches herangezogen wurden, wurden vorher ausgiebig überprüft und als für qualitativ hochwertig befunden. Dennoch erfolgt die Umsetzung der darin vorgestellten Methoden auf eigenes Risiko und muss vorher juristisch und staatlich abgeklärt werden. Der Verlag und der Autor können weder Haftung für Personen-, Sach- oder Vermögensschäden übernehmen, noch für die Richtigkeit und Aktualität der hier drin enthaltenen Informationen garantieren. Beachten Sie das der Inhalt dieses Werkes auf der persönlichen Meinung des Autors basiert, zum Unterhaltungszweck dient und nicht mit medizinischer Hilfe gleichgesetzt werden darf. Eine Garantie für das Erreichen der Ziele wird weder vom Autor, noch vom Verlag übernommen. Des Weiteren enthält dieses Buch Links zu anderen Webseiten, auf deren Inhalt wir keinen Einfluss haben und damit keine Gewähr übernehmen können. Bei der Erstellung dieses Buches konnten keine Rechtsverstöße verlinkter Webseiten entdeckt werden.

Vorwort

Digitalisierung: Die Welt befindet sich momentan im stetigen Wandel. Kaum vorstellbar, wie stark sich die Welt die letzten Jahre veränderte. Innovationen, die heutzutage nicht mehr wegzudenken sind, waren vor zehn Jahren als unmöglich angesehen. Immer mehr Menschen greifen zum Smartphone anstelle des Computers. Dadurch entstehen zwar einerseits Probleme, andererseits können Sie Ihren Fokus auf die Möglichkeiten legen, welche durch die Modernisierung entstehen. Glück heißt oftmals, die richtigen Möglichkeiten zur richtigen Zeit wahrzunehmen.

Es muss *einfach* mehr geben, als

- ein Leben lang in einem Vertrieb zu arbeiten und Zeit gegen Geld zu tauschen, und dabei zu wissen, dass Sie sich selbst mehr wert sind, als der Lohn am Ende vom Monat.

- Fünf Tage der Woche einzutauschen, um die verbliebenen zwei Tage zu entspannen, wobei sonntags oftmals ein mulmiges Bauchgefühl vorherrscht.

- Sich weiterzubilden für Ihren Chef oder auch Ihre Prüfungen, statt für sich selbst.

- Dann frei zu nehmen und in den Urlaub zu fahren, wenn Ihr Chef Ihnen die Erlaubnis dazu aushändigt.

- Fragen zu müssen, ob Sie auf die Toilette gehen dürfen.

- Ein Leben lang in der gleichen Stadt zu leben, ohne die schönsten Orte der Welt gesehen zu haben.

- Immer sparen zu müssen, in der Hoffnung auf eine Gehaltserhöhung von 2%.

Wenn Sie nach dem „Mehr" suchen, dann sind Sie hier genau richtig. Es geht um die eine Möglichkeit, die sich mit der Digitalisierung kristallisierte: Ein Unternehmen im Internet zu führen, ohne hohe Kapitalinvestitionen zu tätigen. Ohne das Risiko in 2 Jahren Insolvenz anmelden zu müssen. Aus Fehlern zu lernen, statt in die Schuldenfalle dabei zu fallen.

Geld verdienen war noch nie so einfach: Das Internet schafft Millionen von Arbeitsplätze, soweit man diesem „Trend" folgt. Wieso meinen Sie, dass Giganten die vor Jahren den Markt dominierten, 10 Jahre später Insolvenz anmelden müssen, da Sie unverschämt niedrige Gewinne erzielen? Am Beispiel von „Toys R Us" erkennt man die Folgen, Warnzeichen der Wirtschaft nicht zu erkennen und infolgedessen Verluste in Milliardenhöhe zu erzielen.

Dropshipping ist simpel: Im Vergleich zu traditionellen Online-Shops kaufen Sie die Produkte, welche Sie verkaufen möchten, nicht selbst. So sparen Sie sich zwei Dinge: Kapital und Platz zum Lagern der Produkte.

Versand und Retouren werden hier ebenfalls umgangen. Dies wird von speziellen Dropshipping-Lieferanten übernommen. Sobald Sie einen Verkauf erzielt haben, leiten Sie die Kaufdetails an Ihren Lieferanten weiter, der unter Ihrem Namen die Ware an den Kunden liefert. Ihr Aufgabenbereich ist folglich einen Online-Shop zu kreieren und zu vermarkten, der für Produkte anderer Verkäufe erzielt, wobei Sie Ihren Preis selbst wählen und Ihre eigene Marke durch Ihre Webseite, Facebookseite und spezielles Brandmarketing aufziehen.

Der Vorteil zu Affiliate-Marketing ist beispielsweise, dass Sie Ihre Provision selbst bestimmen können und die Möglichkeit besitzen, Ihre Kunden immer wieder durch E-Mail-Marketing oder Facebook Advertising auf Ihren Shop zu leiten, sodass Sie erneut Käufe tätigen. Ich würde so weit gehen und behaupten, dass Sie als Dropshipper ein Unternehmer Ihres eigenen „Online-Ladens" sind – ein Laden im Internet.

Zuallererst müssen Sie die Basics lernen, wie Sie Ihren Dropshipping-Shop online stellen. Nachdem dieser Schritt erledigt ist, bilden Sie sich stetig weiter und wenden neu Gelerntes sofort an.

Im Folgenden finden Sie eine komprimierte Anleitung, mit der Sie innerhalb weniger Stunden ein Grundgerüst für Ihren Dropshipping Online-Shop aufbauen können.

Inhaltsverzeichnis

Analysieren Sie den Markt 9

Entwickeln Sie Produkte, die verkaufen 11

Designen Sie Ihren Online-Shop 14

Den besten Lieferanten finden 16

Die richtige Marketingstrategie 18

Newsletter: Gesetzliches Hintergrundwissen 20

Fazit 21

Analysieren Sie den Markt

Studien zufolge nutzen momentan über 3,4 Milliarden Menschen das Internet. Was stellen Sie sich unter dieser Zahl vor – welches Potential besitzt Ihr Online-Shop? Sie haben eine potentielle Kundenanzahl von 3.400.000.000 Menschen. Nun kommt es darauf an, herauszufinden, wonach die Leute suchen und was deren Nachfrage im Internet widerspiegelt. Verbringen Sie sehr viel Zeit hierbei. Sie können das beste Produkt und Marketing der Welt haben, doch wenn niemand nach Ihrem Produkt sucht, werden Sie damit keine Gewinne erzielen. Eine wichtige Eigenschaft eines Online Unternehmers ist es, sich in die Lage und Gefühle Ihrer potentiellen Kunden zu versetzen und deren Nachfrage zu erfüllen. Es kommt nicht darauf an, was Sie toll finden und wollen, es kommt lediglich nur darauf an, was Ihr Kunde möchte.

Es ist leichter, Ihren Markt zu analysieren und herauszufinden, welche „Nische" nachgefragt ist, anstatt eine spezielle Nachfrage zu kreieren. Analysieren Sie das Kaufverhalten der Kunden im Internet und achten Sie hierbei besonders auf Alter, Geschlecht und Vorlieben.

Außerdem ist es wichtig, dass Sie ein gewisses Maß an Interesse in dieser Nische besitzen. Ihr Shop mag zu Beginn sehr profitabel sein, doch wenn keine Begeisterung Ihrerseits dahintersteht, werden Sie keinen langfristigen Erfolg erzielen.

Tools zum Nachforschen des Marktes:

- Google Trends

- Google AdWords

- KWfinder.com

Entwickeln Sie Produkte, die verkaufen

Nachdem Sie Ihre Nische kennen, machen Sie sich Gedanken darüber, welche Produkte Sie in Ihrem Online Shop anbieten wollen. Wählen Sie am Ende die drei besten Produkte aus, die Sie im nächsten Kapitel bei verschiedenen Dropshipping Lieferanten finden können.

Benutzen Sie zur richtigen Produktfindung die hier aufgeführten Fragen:

- Welche Ideen haben Sie für diesen speziellen Markt?

- Welche Produkte erschaffen eine Nachfrage bei Ihren Kunden?

- Welche besonderen Produkte würden Sie sich passend zu Ihrer Nische wünschen?

- Welche Produkte bieten andere Online-Shops an?

- In welcher Unternische herrscht momentan große Nachfrage?

- Was sind die Vorlieben Ihrer Freunde?

- Welche Produkte gibt es, ohne die Sie keinesfalls leben könnten?

- Welche Produkte würden Ihnen darüber hinaus das Leben erleichtern?

Bieten Sie Produkte für eine Unternische statt einer Nische an

Konzentrieren Sie sich auf einen kleineren Markt (Unternische) und passen Sie Ihre Produkte spezialisiert auf ein Kundensegment an.

- Nische: Sport und Fitness
  Unternische: Vegan Fitness, Paleo Diät, Yoga, …

- Nische: Finanzen
  Unternische: Immobilien, Dropshipping, Affiliate-Marketing, …

Designen Sie Ihren Online-Shop

Shop Name

Überlegen Sie sich einen passenden Namen für Ihren Shop. Dieser Name wird Ihre Marke auf dem Markt verkörpern. Beachten Sie hierbei, dass Sie durch den Verkauf Ihrer „eigenen" Produktreihe Ihre eigene Marke kreieren können. Sobald Sie eine Kundenverbindung aufgebaut haben, werden diese immer wieder bei Ihnen einkaufen.

Registrierung

Suchen Sie einen geeigneten Anbieter zum Erstellen Ihres Online Shops. Die zwei bekanntesten sind WooCommerce (kostenlos in Kooperation mit WordPress) oder Shopify, welches zwar teurer, jedoch sehr leicht anwendbar ist, sodass Sie Ihren Shop innerhalb weniger Stunden fertig stellen können. Vorteilhaft ist beispielsweise eine hohe Bandbreite für verschiedenste Dropshipping-Lieferanten, ein integriertes Bezahlsystem für Ihre Kunden, eine Software, die ermöglicht Ihre Website zu designen und eine sehr hohe Mobilfreundlichkeit.

Außerdem haben Sie die Möglichkeit Shopify 14 Tage lang kostenlos und unverbindlich zu testen. Wenn es Ihnen nicht gefällt, wechseln Sie nach diesem Probezeitraum zu WooCommerce.

Shop designen

In diesem Kapitel lasse ich Ihnen absichtlich vermehrt Spielraum. Sie erlangen nach jahrelangem Erfahrung im Designen immer wieder neue Ideen. Bilden Sie sich stetig im Bereich Marketing weiter und wenden Sie das Gelernte sofort an. Ihre Marke ist *einzigartig*.

Je nach Anbieter können Sie nach der Registrierung ein Motiv auswählen, welches Sie persönlich anspricht.

Des Weiteren brauchen Sie ein Logo. Soweit Sie keine Photoshop-Fähigkeiten besitzen, können Sie sich online gegen 5€ ein Logo erstellen lassen. Auf fiverr.com oder upwork.com befinden sich viele Freelancer, die diese Aufgabe gerne für Sie übernehmen.

Zahlungsmittel

Welche Zahlungsmittel empfinden Sie für wichtig? Die weit verbreitetsten Methoden in Deutschland sind PayPal, Sofortüberweisung und Kreditkartenzahlungen. Fügen Sie diese in Ihren Online Shop hinzu.

Domain

Um auf dem deutschen Markt eine eigene Marke zu kreieren, kaufen Sie eine persönliche Domain. Der Kostenaufwand beträgt hierbei ca. 10-15€ im Jahr. Empfehlenswert ist eine Domain ohne Sonderzeichen. (Idealfall: www.shopname.de)

Den besten Lieferanten finden

Aufgrund der niedrigen Herstellungskosten befinden sich sehr viele billige Großhersteller in China. Viele chinesische Lieferanten sehen die Möglichkeit, die sich mit Dropshipping bietet, als einen neuen Markt und fokussieren sich auf dieses Geschäftsmodell. Dropshipping via AliExpress bietet hierbei den perfekten Einstieg in das Geschäftsmodell, da es einerseits leicht zu bedienen ist, und andererseits AliExpress Lieferanten die Vorkenntnisse für dieses Geschäft bereits besitzen und Ihnen unter die Arme greifen können. Alternativ können Sie SaleHoo oder BigBuy benutzen, welche jedoch ihre Produkte teurer anbieten.

Nachdem Sie bei AliExpress den Artikel Ihrer Wahl gefunden haben, bieten Sie diese auf Ihrer Webseite mit Ihrem selbst festgelegten Preis unter Verwendung attraktiver Bilder und einer ansprechenden Beschreibung an. Sobald der Artikel einen Verkauf generiert hat, leiten Sie diesen Verkauf an Ihren AliExpress-Lieferanten weiter und lassen das Paket direkt zum Kunden liefern. Durch verschiedene Shopify-Applikationen ist es mittlerweile sogar möglich, die Weiterleitungen weitgehend automatisiert ablaufen zu lassen. Sie haben Zugang zu Millionen von Produkten, sodass Sie keine Schwierigkeiten besitzen sollten, einen geeigneten Lieferer für Ihre Nische zu finden.

Wichtig hierbei ist es, dass Sie immer nach qualitativ hochwertigen Produkten suchen, die Ihren Kriterien entsprechen. So vermeiden Sie einen Großteil der Retouren. Außerdem ist es wichtig, dass die Pakete immer mit ePaket geliefert werden, sodass Ihre Kunden über die Möglichkeit verfügen, jederzeit ihr Paket zu orten. Achten Sie außerdem darauf, dass Ihre Lieferanten eine durchschnittliche Bewertung von über 95% bei mindestens 1500 Bewertungen besitzen.

Um das Importieren Ihrer Produkte in Ihren Shop zu vereinfachen, können Sie bei Shopify eine Applikation benutzen, die sich „Oberlo" nennt. Damit können Sie Produkte ganz leicht in Ihren Shop importieren, die im Falle eines Kaufes automatisch an den Kunden geschickt werden.

Die richtige Marketingstrategie

Um Verkäufe zu erzielen, müssen Sie Traffic auf Ihrer Webseite erzeugen – vergleichbar mit Kunden, die in einer bestimmten Stadt Ihren Einzelhandel besuchen. Mehr Traffic heißt im Folgeschluss mehr potentielle Käufer und Profit.

Ich stelle Ihnen die Facebook-Werbestrategie vor, da Sie hierzu kein Vorwissen benötigen – anders ist es beim SEO-Ranking. Das Beste an Facebook ist, dass ihre Multimillionen-Dollar-Software Ihren Markt genaustens analysieren kann.

www.facebook.com/ads/audience-insights

Erstellen Sie eine Facebookseite für Ihren Online-Shop unter „Facebook Einstellungen – Seite erstellen" – und fügen Sie eine passende Beschreibung und interessante Bilder hinzu.

Klicken Sie nun auf Werbeanzeigen erstellen und wählen Sie Ihre erste Kampagne mit dem Ziel „Traffic erzeugen" aus.

Schalten Sie Ihre Werbung auf die richtige Zielgruppe. Aus diesem Grund ist es sehr wichtig, dass Sie Ihren Markt genaustens kennen. Versetzen Sie sich in die Lage Ihrer Kunden und wählen Sie Attribute aus, die zu Ihren Kunden passen. Je präziser Sie die Attribute angeben, desto weniger potentiellen Personen wird zwar Ihre Werbung angezeigt, jedoch haben diese eine größere Wahrscheinlichkeit Ihre Produkte zu bestellen.

Probieren Sie verschiedenste Werbestrategien aus und investieren Sie immer wieder ein Budget von 5€. Falls Sie mit einer Werbeanzeige gute Gewinne erzielen, investieren Sie einen höheren Betrag in diese.

Klicken Sie auf „weiter". Erstellen Sie nun eine ansprechende Anzeige unter Verwendung interessanter Bilder und einer Überschrift, die die Aufmerksamkeit der Facebook Benutzer erregt. Lassen Sie sich hierbei Zeit und bilden Sie sich immer weiter. Prüfen Sie vor dem Veröffentlichen, ob Ihre Werbeanzeige so aussieht, wie Sie sich das vorgestellt haben.

Nachdem Sie auf Veröffentlichen gedrückt haben, werden sich die ersten Kunden auf Ihre Webseite begeben. Nun kommt es auf Ihr persönliches Marketing an: Wie gut haben Sie Ihren Shop aufgebaut und wie attraktiv sind Ihre Produkte für potentielle Kunden?

Bleiben Sie ständig am Ball und verbessern Ihre Marketingstrategie Stück für Stück. Bilden Sie sich weiter und wenden Sie das neu Gelernte auf Ihren Shop an. Sie werden mit der Zeit besser und lernen dazu.

Newsletter:

Gesetzliches Hintergrundwissen

In Kooperation mit einen meinem amerikanischen Partner „Guel-Dropshipping" haben wir für Sie einen Newsletter eingerichtet, der Sie monatlich mit aktuellen Informationen rund um das Thema ausrüstet.

Als kleinen Bonus zur Anmeldung erhalten Sie eine vollständige gesetzliche Anleitung zu Ihrem Dropshipping Online-Shop.

Sie können sich hier anmelden:

http://eepurl.com/c56wIX

Fazit

Sie haben die kurze und informative Anleitung für Ihren persönlichen Online-Shop durchgelesen. Die Informationen, die in diesem Buch mitgeteilt werden, sind sehr kurz gehalten, sodass Sie immer wieder zurückblättern können. Dieses Buch ist mit Absicht so konzipiert, sodass Sie Ihre ersten Produkte online stellen und ausgehend davon Ihre Marketingstrategie ändern können. Installieren Sie Ihren ersten Online Shop und benutzen Sie (wie empfohlen) Ihre 14 tägige Probeversion von Shopify. Sie haben absolut nichts zu verlieren. Im Gegenteil: Sie werden sehr viel auf Ihrem Weg lernen. Das Notwendige Wissen haben Sie in den vergangenen Seiten aufgeschnappt. Führen Sie diese nun praktisch aus.

Ich wünsche Ihnen viel Erfolg auf Ihrem Weg. Falls Sie spezifische Fragen zu Nischen, Produkten oder Marketingstrategien haben, zögern Sie nicht, mich oder „Guel-Dropshipping" zu kontaktieren.

Ihr Benedikt Koch

Impressum – Verlag

Abdullah Guel
Peter-Schegg-Straße 28
87600 Kaufbeuren

Telefon: +49152/56829701
E-Mail: guel-service@outlook.de

Autor: Benedikt Koch
© Abdullah Gül

www.ingramcontent.com/pod-product-compliance
Lightning Source LLC
Chambersburg PA
CBHW050255230526
45470CB00005B/2278